Gerhard Polt · Drecksbagage

GERHARD POLT

DRECKSBAGAGE

Anwürfe, Unterstellungen, aber
auch Ehrabschneidungen

mit Illustrationen
von Reiner Zimnik

KEIN & ABER

1. Auflage März 2008
2. Auflage Mai 2008
3. Auflage September 2008

Coverillustration: Reiner Zimnik
Gestaltung und Satz: Nicholas Ditzler
Druck und Bindung: CPI – Ebner & Spiegel, Ulm
ISBN 978-3-0369-5517-9

www.keinundaber.ch

INHALT

APOKALYPSE NOW

Früher, sicher, jedes Früher hat ein Früher, und mein Früher, ich mein, jeder hat halt die Zeit, die er hat, eine andere steht ihm nicht zur Verfügung, aber blöder als die heute waren wir damals auch nicht. In die Wiege ist es uns jedenfalls nicht gelegt worden. Wir haben uns schon was einfallen lassen müssen. Sachen haben wir gemacht, da tät man heute sagen, ui ui ui.

In die Hölle kommt man ja nicht mehr, die wurde abgeschafft. Wahrscheinlich auf Druck von ganz oben, wegen der hohen Energiekosten. Eine kleine Temperaturabsenkung hätte wohl das Kraut auch nicht mehr fett gemacht. Ein Glück, denn wenn ich mich erinnere, wie wir damals in einer Art Blitzaktion der alten Oma die Handtasche gezwickt haben, wusch!, um die Ecke, alles raus aus der Tasche, Geld gezählt, verteilt – gerecht verteilt! Fairness war oberstes Gebot! Aber, wie gesagt, das Ganze ist eben Schnee von gestern, und außerdem war das ja damals eher ein Einzelvorgang, weil man ja wusste, so eine Oma kommt nicht jede Woche vorbei.

Sonst haben wir vielleicht einmal in einem Kramerladen einen Eierlikör mitgehen lassen oder einen Dosenfisch, aber auch nur aus Trainingsgründen. Wer bitte sauft denn freiwillig einen Eierlikör oder frisst einen Dosenfisch?

Aber es ging auch anders, und darauf möchte ich schon hinweisen. Früher gab's Sachen, die gibt es heute so wahrscheinlich nicht mehr. Ich erzähle das aus meinem eigenen Erfahrungsschatz. Ich stehe – also früher – in der Kabine im Schwimmbad und sehe einen Geldbeutel, fett wie ein Karpfen. Jetzt raten sie einmal, was ich gemacht habe? Ich habe den Geldbeutel abgeliefert, beim Bademeister! Ich weiß, das klingt wahnsinnig. Sogar meine Mutter, eine erzkatholische Frau, hat damals zu mir gesagt: »Du bist ein schönes Rindvieh!«

Früher waren wir natürlich naiver, blauäugiger, aber alles braucht seine Zeit. Dass man heute eine Bilanzfälschung ordentlich hinbringt oder einen Insolvenzbetrug aufs Parkett legt, dazu gehören Jahre der Erfahrung!

Auch Abstinenz ist manchmal notwendig. Einsitzen, Kollegen kennenlernen. Auch Leute, die in anderen Branchen groß geworden sind: Diebe, Erpresser, Heiratsschwindler. Das Inkassowesen – hochinteressant! Was man da für Möglichkeiten hat! Unvorstellbar. Aber so was geht nur durch »learning by doing«.

Ein einziges Mal habe ich selbst nachgeholfen, als ich noch auf Erbschleicherei spezialisiert war. Ich wollt halt den Erbvorgang ein bisschen beschleunigen. Aber das ist nicht meine Sache. Davon bin ich vollkommen abgekommen. Die Killer aus Moldawien, die waren zwar zuverlässig, schnell, auch preisgünstig. Aber trotzdem arbeite ich heute viel lieber wieder ganz klassisch mit einem sizilianischen Mafioso oder einem Camorristen aus Neapel. Die kosten zwar mehr, aber dafür bekommt man auch erstklassige Qualität. Das macht sich besonders bei der Entsorgung bemerkbar. Und alles in der Pauschale inbegriffen! Ich bin doch nicht auf der Brennsuppe dahergeschwommen. Für sein gutes Geld kann man doch heute wirklich mehr verlangen als nur »patsch bumm«. Die Ansprüche sind auf allen Gebieten gewachsen. Und Verzweiflung gibt's genug. Vor allem in den Ballungsgebieten wachsen die jungen Desperados nach wie die Schwammerl.

Aber ich sag's Ihnen: Zunehmend juckt's mich wieder selber in den Fingern. Überredet mich doch mein Schwager, so ein militanter Umweltfreak, dass ich mein Auto umrüsten lass auf Biokraftstoff. Und pfeilgrad, sehenden Auges gehen wir denen in die Falle und zahlen jetzt eine Strafsteuer auf Umweltöl, dass es nur so kracht, und zwar jedes Jahr mehr. Jetzt weiß ich's, Umwelt ist nur der Aufhänger, die wollen mein Geld, die wollen mich fleddern! Wenn ich das gewusst hätte, dann hätte ich meinen alten Motor weiterrauchen lassen wie eine Fritteuse.

Aber das ist nur ein Beispiel, da gibt's noch viele andere. Da wird mit unseren Steuergeldern ein Gebäude gebaut. Kostenvoranschlag drei Millionen. Alle sagen, na ja, schon happig, aber was will man machen. Jetzt kostet dieses Gebäude – so eine Art Beamten-Versailles – achtzehn Millionen! Spielt alles keine Rolle, weil der Verantwortungsnehmer ist schon da, geht allerdings sofort in Pension.

Respekt! So muss man's machen.

Über sechzig Prozent der Energie, die ein Kraftwerk erzeugt, werden in die Luft geblasen. Das bedeutet, die heizen, was das Zeug hält, und verpesten die Umwelt. Aber ich finanziere das.

Oder ich schicke den Bayerischen Landtag nach Peking zu einem Symposium, damit die dort chinesisches Beschwerderecht studieren. Das heißt auf Deutsch, die lobstern sich dort voll, anstatt beim Donisl einen Leberkäs zu fressen.

Ich darf mir jetzt sogar ein Stück von meiner eigenen Eisenbahn kaufen, sagt der Verkehrsminister, dann hat er mehr Geld und kann sie teurer an andere verkaufen.

Wenn ich morgen sechs Nürnberger Bratwürstel grillen will, dann darf ich das nur, wenn das Amt für öffentliche Ordnung, das Umweltreferat, die Feuerpolizei, die Nachbarn und die in

Brüssel es erlauben. Aber Hauptsache, der Staat verdient, je teurer das Öl, desto mehr. Weil die Steuern immer besser greifen und weil dann immer mehr Menschen in eine Wärmestube gehen müssen, spart man unglaublich viel Energie.

Ein Abgeordneter erzählt im Fernsehen, dass die Energiebesitzer Monopolisten sind. Ich weiß das schon seit vierzig Jahren. Aber ich lass mich gerne von solchen Informationen überraschen. Ich zahle zu viel für Energie, sagt der Abgeordnete, ich atme auf, aber das wird sich so schnell nicht ändern, sagt er. Und außerdem zahle ich sowieso für so vieles viel zu viel. Was ich zahle, weiß ich nicht, wieso auch.

Mein Bankgeheimnis habe ich nicht mehr, das haben die, und die wissen vielleicht, was ich zahle, wie lange noch und wann ich anfange, unrentabel zu sein. Klar, die wollen halt gerne wissen, welche Zeitung ich abonniert habe, wohin ich in Urlaub fahre, aber noch mehr wissen sie mit Hilfe der Payback-Card, da wissen sie alles – wann ich ein Tiroler Gröstel esse, wissen sie dann, und ob der Majoran drin fehlt. Zum Arzt brauch ich auch nicht mehr, weil mir schon der Sparkassler sagt: »Gratuliere, Ihre Mandelentzündung klingt ab.«

Früher war ich ein Bürger, heute bin ich eine Nummer. Als Bürger hatte ich Pflichten dem Staat gegenüber, und er mir gegenüber, zum Beispiel, dass er mir meine Privatheit schützt. Aber das braucht's jetzt nicht mehr, weil sie ihm schon gehört. Ich bin digitalisiert, nur noch ein Nichts! Irgendwo, für irgendwen, irgendwann!

Wie schon gesagt, zunehmend juckt's mich wieder selber in den Fingern, aber bei der Gelegenheit müssen auch gleich noch ein paar Hinterbänkler dran glauben, weil, wenn einer nach zwei Jahren im Parlament mehr Rente bekommt wie ich, wo ich mir zu keiner Sechzig-Stunden-Woche zu schade bin, und das über vierzig Jahre, dann gehört der weg! Da kenn ich keinen Radi. Die wollen uns doch fertigmachen. So schaut's aus.

Was die Zukunft bringt, wollen Sie wissen? Sie glauben doch nicht im Ernst, dass so ein paar Zeitungsleser oder Wurstverkäufer und schon gar nicht so Künstler oder so Intellektuelle dieses Millionenheer von Betriebswirten, Juristen, Anlageberatern, Versicherungsagenten und Ministerialbeamten aufhalten können. Überall nisten sie in ihren Palästen, erstellen Fragebögen, erfassen!

Die Angsttreiber sind unterwegs. Jetzt belagern sie schon die Altersheime! Beschäftigen Rentnerspione. Auf jede geringste Regung hauen sie ein Spinnennetz von Kleingedrucktem! Pressen jede Menschlichkeit in Raster und digitalisieren dich ins Nichts.

Aber wehr dich amal dagegen und stell dich hin, und willst was sagen, dann holen s' dich ab im Zeiserlwagen.

Dieses Gschwerl, diese Drecksbagasch, Saubande, Halsabschneider, Blutsauger, Banditen, Mörder!

Von wegen früher! Kindheit und so …! Mein Vater hat mich wegen jedem Dreck halb zum Krüppel geschlagen; aber einen Vorteil hat's gehabt: Ich bin jetzt schon in Frührente.

DER KONSERVATOR

Sie, ich sag das Ganze natürlich nicht zuletzt, also privat, aber es geht mir nicht aus dem Sinn, weil man könnt ja sagen, weil ich quasi beruflich schon eine gewisse Affinität dazu habe … Ich bin ja im Denkmalpflegerischen tätig, und das ist eine schöne Aufgabe, im bayrischen Denkmalschutz, nicht wahr. Aber ich sag das trotzdem privat, weil ich der Meinung bin, und das kann man durchaus so sehn:

Wir sind in Bayern als abendländischer Kulturstaat kulturell betrachtet ein Gigant. Sicher, wir sind als solcher natürlich auch von anderen Abendländern umzingelt. Das macht die Sache nicht einfacher. Aber, auf der anderen Seite sind wir in Bayern doch immerhin – wie soll ich sagen? – angehalten, für unser Renommee und natürlich auch für diese enormen Kulturschätze einzustehen. Dass wir all das, was wir im Lauf der Jahrhunderte hier angehäuft haben, dass wir das bewahren, aufheben, für spätere Generationen konservieren, verstehen Sie. Daher auch der Ausdruck »konservativ«. Dass wir eben diese abendländischen Schätze auch würdigen, das kostet natürlich Geld. Machen wir uns nichts vor. Und wir in Bayern geben ja immerhin noch Gelder aus. Das Ausland fragt sich sowieso schon, was wir uns alles leisten. Wir leisten uns ja tatsächlich noch Sachen, wo man sich fragt: »Ja, können wir uns das überhaupt noch leisten?« Aber wir leisten es uns eben. Ich frag mich auch: Muss man eine Galerie der Moderne haben? Gut, man hat sie. Nein, es ist ja immer eine Frage des … Der eine ist das Subjekt, der andere ist mehr subjektiv, und ganz ein anderer ist objektiv irgendwie nur noch Objekt. Wie's halt so ist im Leben.

Aber wir geben wirklich Geld aus, erstaunlich! Wir leisten uns in Bayern immer noch eine Opposition. Moment! Wie heißt das Gesetz? Genau: Angebot und Nachfrage. Das Angebot dazu wäre ja da. Aber, wie gesagt, natürlich mein ich auch die kulturellen Investitionen. Ich weiß, derzeit sprechen viele Menschen von einer Erosion, kulturell betrachtet, vom apokalyptischen Untergang dieses Abendlandes. Aber der ist ja nicht nur einmal prophezeit worden. Denn es gibt immer noch Leute, die sagen: »Ja, wir kämpfen!« Aber gegen wen? Für was? Gegen Windmühlen? Das ist dann schon a bisserl hysterisch. Windmühlen? Das ist nicht das Problem bei uns in Bayern. Wir haben ein anderes Problem.

Darf ich's auf den Punkt bringen? Unser Problem heute in Bayern, das sind die Menschen. Ganz eindeutig – wir haben es heute in Bayern mit Menschen zu tun, wo man sich fragt: »Ja gibt es denn das, dass es die gibt?« Die hat's doch früher nicht gegeben. Jedenfalls nicht in Bayern. Wir haben es doch selbst lernen müssen in Geschichte, oder? Wir haben doch auswendig gelernt, dass diese Vandalen in der Völkerwanderung untergegangen sind. Aber diese Geschichtsinterpretation ist renovierungsbedürftig! Diese Vandalen haben heute ein Comeback! Mich würde nur interessieren, wo die in der Zwischenzeit waren.

Schauen Sie, ich sag Ihnen ein Beispiel aus meiner beruflichen Erfahrung. Was man da heute erleben muss! Schlechter gesagt, man ist förmlich dazu gezwungen, es zu erleben. Wir hatten ein Angebot einer japanischen Autofirma, ich glaube Mitsubishi, aber ich möchte mich nicht festlegen. Sie wollen im Nymphenburger Schloss – Nymphenburger Schloss! Welterbe der Kultur! –, wollen sie ihr Vehikel aufstellen, und ob das möglich ist. Und da haben wir vom Freistaat gesagt: »Ja sicher, warum nicht, wenn sie gescheit zahlen«, und die zahlen ja bekannterweise gescheit, »dann sollen sie halt ihr Vehikel hinstellen!«

Jetzt passen Sie auf! Während dieses Prozederes, während die, die suchen halt immer ein schönes Ambiente, offensichtlich haben sie selber daheim keins, ich weiß es nicht, jedenfalls, während dieser ganzen Prozedur da – und ich hatte ja die Surveillanz über dieses Projekt – beschleicht mich aus irgendeinem Grund ein Gefühl, ich kann es nicht näher beschreiben, Sie kennen das sicher, so amorph, eine innere Inquietanz. Ich geh ins Schloss hinein, in die Galerie, wo die berühmten Schönheiten hängen, und was seh ich? Ich denk, ich seh nicht recht. Seh ich, wie ein Subjekt – anders kann man's nicht nennen – dabei ist, einen Kaugummi ins Antlitz vom König Ludwig zu pappen! Ich bin sofort auf den Kerl los: »Ja, sagn S' amal, was erlauben Sie sich denn, Sie Hooligan. Ja, wo san …? Ja, das ist ja das Letzte, was Sie da bieten!« Sagt der Kerl, also er äußert sich, eigentlich tät's ihm ja selber leid, aber der Kaugummi, der hätte aromatisch nichts mehr hergegeben, sagt er, und er wollte Raum schaffen für einen neuen. Mit solchen Leuten haben wir's heut zu tun! Aber nicht dass Sie meinen, ich übertreibe jetzt. Oder Sie sagen, das ist ein singulärer Exzess. Nein, keineswegs! Das geht permanent so. Stakkatoartig.

Im Cuvilliés-Theater, das Münchner Cuvilliés-Theater, ein Rokoko-Juwel ersten Ranges! Rokoko! Nicht Barock, Rokoko! Jetzt passen Sie auf: Ebenfalls eine Offerte einer japanischen Autofirma, weiß nicht, Mitsubishi, irgend so was halt. Manchmal hab ich das Gefühl, die heißen alle so. Sie fragen an, ob es möglich wäre, in diesem Cuvilliés-Theater – wieder Welterbe der

Kultur natürlich! Ein Rokoko-Juwel! –, ob sie da drin eine Benzinpumpe ausstellen können. Die vom Freistaat sagen: »Ja warum nicht, wenn die gut zahlen!« Und die zahlen gut! Dann haben wir gesagt, ja gut, ein Rokoko-Theater ist ja ein schöner Rahmen für eine Benzinpumpe, ohne Zweifel. Und auch hier wieder! Während dieser sogenannten Vernissage bemerken wir – aber mit dem letzten Hemd, mit dem letzten Pfiff! –, merken wir, wie oben in der Loge, in der Königsloge, wo weiland seine Majestät – später natürlich auch Mozart, oder Franz Josef Strauß, nicht wahr –, wie da oben in dieser Königsloge ein Kretin dabei ist, herum zu urinieren. Moment! Das war nur das Präludium! Der Kerl wollte gerade zur Totalentleerung schreiten, aber bevor er sämtliche Schleusen öffnen konnte, haben wir doch noch einen Stopsel hineingehaut. Wir haben die Polizei geholt, aber jetzt passen Sie auf! Zur Rede gestellt, gell, was er sich erlaubt, der Vandale, wird er frech! Er sagt, er sei Schauspieler. Er übe gerade einen Shakespeare unter der Regie eines gewissen Schlingensief ein, da gehöre der Stuhlgang zum Konzept. Was sagen jetzt Sie? Das sind Evidenzerlebnisse! Da versteht man schon, wenn es heißt: Abendland, ade! Oder nicht? Weit haben wir's gebracht!

Gehen Sie doch nur einmal in eine Fußgängerzone. Abgesehen von diesen Dämpfen, was diese Leute da drin heute fressen! Freiwillig! Dieses Fastfood! Was die Leute da in sich reinstopfen! Ohne Besteck! Das braucht man heute nicht mehr, auch kein Porzellan! Da ist es doch kein Wunder, wenn der Rosenthal Pleite geht, oder? Wenn die Leute das Papier gleich mitfressen. Da wird der Mensch doch zum Container!

Und wenn ich sehe, was die Leute da fressen, dann weiß ich auch, wie sie wohnen. Oder glauben Sie tatsächlich, dass ein Möbelstück von diesem Ikea jemals gotisch wird? Aber Schluss. Nicht dass Sie meinen, ich halte jetzt das große Lamento über den Untergang des Abendlandes. Nein. Wir in Bayern haben allen Grund, froh und stolz zu sein und uns zu freuen. Wir haben jetzt ein Projekt durchgezogen, das war zugegebenermaßen gar nicht billig.

Wir haben den bayrischen Dialekt gerettet!

Ich war federführend dabei, und glauben Sie mir's, das war nicht einfach. Wir haben den gesamten bayrischen Dialekt – archiviert. Er ist jetzt im Bayrischen Rundfunk drin. Und da kommt er auch nicht mehr heraus!

Ja, ich weiß, man schmunzelt. Aber schauen Sie, aus eigener Erfahrung, ich kann nur aus eigener Erfahrung reden. Ich wohne im S-Bahn-Bereich zirka zwanzig Minuten von der Münchner Innenstadt entfernt. Wohne sehr schön, bin sehr zufrieden. Hab eine Doppelhaushälfte. Aber ich hab einen Nachbarn. Klar, bei einer Doppelhaushälfte hat man Nachbarn. Mein Nachbar, das ist so ein zugereister Siemensler.

Nein – ich komme zurecht mit dem Mann. Man tut ja sein Möglichstes!

Neulich hat er mich gefragt, ob ich nicht Lust hätte, dass wir miteinander grillen. Wir haben dann auch gemeinsam grenzüberschreitend gegrillt. Aber Sie werden es nicht glauben, weil man immer sagt, das sind Klischees … Das ist kein Klischee! Der Mann bringt das! Er bringt es fertig und grillt eine Weißwurst.

Alles, was recht ist!

Da brauchen wir über den Untergang des Abendlands nicht mehr lange zu diskutieren.

Sie haben auch einen netten Buben, und außerdem, was kann das Kind dafür, dass der Vater eine Weißwurst grillt? Er grüßt von sich aus. In der heutigen Zeit auch keine Selbstverständlichkeit. Er tschüsselt zwar, aber mei. Neulich sag ich zu ihm: »Servus, Maurice-Eugène, taugt's dir?« Wie man halt so mit einem Kind redet. Schaut mich der mit großen Augen an. Er versteht mich nicht. Denkt, ich wär ein Ausländer. Ich sag: »Ja Maurice-Eugène, was ist denn? Du werst doch noch a bissl Bayrisch redn? Reiß dich zamm! Und wennst schön was auf Bayrisch sagst, dann kriegst von mir fünf Euro.« Da sagt der Bub glatt … Wie sagt er? »Bei uns in Bayern sagen wir anstatt die Butter der Butter!« Ich hab ihm dann zehn Euro gegeben.

Das sind Momente, da resigniert man.

Ich resignier häufig … Ich mach keinen Hehl daraus … Wenn ich bei mir draußen sitz, auf der Terrasse, ein lindes Lüfterl weht, dann hock ich da, einen Obatztn am Teller, frische Brezn. Meine Frau schenkt mir ein Weißbier ein … Dann resignier ich! Und wenn ich so dasitz und schau naus ins Land, seh die schneebedeckten Berg, die grünen Matten, dann denk ich mir: herrlich! Herrgott, ich danke Dir, dass du uns in dieses Bayernland geschickt hast und nicht nach Mecklenburg-Vorpommern.

Und wenn dann noch die Kirchenglocken läuten und die Kuhglocken, und ich schau in den weiß-blauen Himmel … Das ist schon schön … Eine echte Idylle! Da kann man dann auch sagen, was man will … Ein Neger passt da einfach nicht hinein!

Dass wir uns nicht missverstehen! Ich mein's, wie ich's gesagt hab. Rein farblich. Von der Farbkomposition her.

Wir Bayern, wir sind ein äußerst kunstsinniger Menschenschlag.

3 000 Jahre haben sie kein Klopapier benutzt,
diese Chinesen, aber jetzt seh ich schwarz
für die Tropenwälder.

DER EUROPÄER

Für mich ist das klar! Man muss meines Erachtens immer schauen, dass man diese, wie soll ich sagen, negativen Einstellungen, das bringt uns doch nicht weiter! Man muss im Leben schon a bissl optimistisch sein, oder? Man weiß ja nicht, was kommt. Und wenn was Negatives passiert, und es trifft das ein, was zu befürchten war, dann hat man auch nichts davon. Stimmt's oder hab ich recht? Man muss sich doch auch einmal überwinden können und einfach Ja sagen. Ja zum

Leben schlechthin! Mein Gott, wie oft hab ich in meinem Leben schon Ja gesagt! Ich kann es gar nicht mehr zählen! Sogar Jawohl. *Jawohl!* Und ich mach auch gar kein Hehl draus! Ich stell mich jederzeit hin, da hab ich gar kein Ding … Ich sage heute ein eindeutiges Ja zum Nein zu Europa.

Moment, nicht jetzt da voreilig, ich meine das auch genau so. Ich selber schau ja – wenn ich schau – Geschichte! Und ich schau, wenn ich schau, viel Geschichte. History! Das interessiert mich. Faszinierend, wie weit das alles zurückgeht. Wahnsinn, wie weit diese Geschichte zurückgeht. Und wenn man meint, jetzt geht aber bestimmt nix mehr zurück, dann geht's noch weiter zurück. Ist schon enorm, oder?

Ich schau mir aber auch amal einen Tierfilm an, so ist es nicht, dass ich jetzt nur Geschichte, ich schau schon amal einen Karpfen an oder einen Hecht, auch einen Haifisch, nicht wahr. Irgend so was. Gern! Warum nicht?

Aber Geschichte ist schon besonders interessant. Grad da merkt man eigentlich auch, was man alles nicht weiß, gell. Oh mei, wir wissen so viel nicht!

Wer weiß denn schon, was allein Bayern für

Europa bedeutet. Weiß keiner. Frag amal einen. Keine Ahnung! Derweil ist das nämlich hochinteressant, denn in Europa, in ganz Europa gäbe es heute noch kein Wiener Schnitzel ohne Bayern! Weil wir haben es ja in der Schlacht bei Wien erobert. Oder glauben Sie vielleicht, dass die Türken das Rezept freiwillig hergegeben hätten? Nie! Nein, ich hab nichts gegen Türken, ich hab überhaupt nichts gegen Türken! Die Türken lecken mich am Arsch! Die interessieren mich gar nicht. Sie sind mir wurscht – vollkommen wurscht! Aber das ist es eben, was ich sagen will: Wenn man sich mit Geschichte beschäftigt, dann weiß man das: Wir Bayern, wir waren schon in der Türkei, da hat es noch gar keine Türken gegeben! Weil wir waren ja Byzanz! Das weiß bloß keiner. Wir waren Byzanz, wohlgemerkt.

Und ich sag Ihnen eins, Europa, das fängt schon ziemlich früh an, das muss man wissen. Damals, da sind die einen hereingekommen, wo die anderen noch gar nicht da waren, und diese Griechen und die Päpste! Weil man muss sich vorstellen, dieses Europa war ja höchst waldreich, und das war ja überhaupt die Voraussetzung, dass man diese Hexen dann auch verbrannt hat. So muss man sich dieses Europa vorstellen. Ein bissl ein Niveau muss man schon mitbringen!

Wenn wir jetzt dieses Europa überhaupt haben wollen würden, nicht wahr, dann müssen wir auch dieses europäische … Erbe, das wir haben, diese Traditionen, wie soll man sagen, die muss man dann auch benutzen und pflegen, oder? Aber das wird jetzt wahrscheinlich zu abstrakt.

Dann machen wir es eben konkret: Sie wollen ein Einfamilienhaus bauen. Sie haben noch keins. Also, hinein ins Bauamt. Da hockt so ein Gschwollschädel drin und blockiert alles – nichts geht! Also was tun? Einen Anwalt nehmen? Das kann man schon machen. Nimm einen Anwalt! Mach das. Klar. Aber das sag ich dir gleich, dann baust du kein Haus mehr. Der Anwalt schon, aber du nicht. So! Worauf will ich hinaus? Ich will darauf hinaus, dass ich sage, du musst eben diese europäischen Rezepte anwenden!

Du nimmst ein Buch, eine Schwarte. Also so was, was man halt nicht liest, ich weiß auch nicht – *Schuld und Sühne*, irgend so was halt. So, und dann tust du da Geldscheine einsortieren, gehst zu dem Beamten hin, gibst ihm das Buch und sagst: »Schauen Sie amal hinein!« Dann macht der auf und sagt: »Hochinteressant!« Dann sagst du zu dem Beamten: »Da müssen Sie erst amal auf Seite 200 schauen, da wird's noch spannender!« – Auf alle Fälle, der Bau geht wie geschmiert, und es hat noch einen Vorteil: Der Beamte liest wieder einmal ein Buch. Aber nicht dass Sie meinen ... Mit Korruption hat das nichts zu tun. Das ist eine uralte bayrisch-byzantinische Tradition. Das ist Europa, verstehen Sie? Europa! Das ist ein Geben und Nehmen. Das sollten sich vor allem diese Engländer einmal merken.

Nimm diese Engländer! Jawohl, sie sind Europäer. Sie haben in ihrer Geschichte viele Schlachten geführt und sie haben auch viele gewonnen. Jetzt haben sie grad wieder ein Jubiläum gefeiert, die Schlacht von Trafalgar, die haben ja sie gewonnen. Sie haben riesig gefeiert. Ich meine, das zahlen ja wir mit. Nichts dagegen. Aber jetzt sage ich: Wenn ich das nicht nur als Engländer feiere, sondern als Europäer, ich meine, wir Deutsche sind auch Europäer, dann haben halt wir auch a bissl mitgewonnen, oder? Nicht bloß die Engländer. Warum sollte man dann in Rosenheim keinen Trafalgar Square hinstellen? Wir Deutsche haben auch Schlachten geführt. Wir haben halt keine gewonnen. Aber wenn diese Engländer einen Anstand hätten und europäisch denken täten, dann hätten sie halt in Stalingrad auch ein bissl verloren. Wir müssen umdenken – und zwar revolutionär!

Die deutsche Geschichte kennt man ja. Aber europäisch betrachtet, muss man sie aus einer anderen Perspektive betrachten: Da droben, in dieser Normandie – natürlich weiß man, wie das ausgegangen ist, als Deutscher weiß man das! Aber europäisch betrachtet, haben wir Deutsche in dieser Normandie doch gemeinsam mit den Alliierten die Nazis besiegt, oder?

Neulich war ich im Wirtshaus. Wann war das jetzt? Ich glaube ... gestern! Jawohl, sitzt da an meinem Tisch so ein Typ. Ich komm mit ihm ins Reden. Stellt sich heraus, er war ein Finne. Sag ich: »Was sind Sie? Ein Finne?« »Ja«, sagt er, er ist ein Finne. Sag ich: »Ja, verreck!« Weil, ich hab noch nie einen Finnen gesehen! Ich kenne Neger, Chinesen, Asiaten, Indianer, Tschuschen, alles mögliche, aber Finnen habe ich noch nie gesehen. Sag ich: »Sind Sie wirklich ein Finne?« »Ja!«, sagt er, er ist einer. Er war glaubwürdig, weil auf seinem Bierdeckel waren achtzehn Schnaps droben! Dann ist mir das überhaupt erst gekommen: Finne, denk ich, Finne? Die gewinnen doch immer dieses Pisa! Und dann hab ich ihn direkt gefragt: »Sie, wenn Sie ein Finne sind, sind Sie wirklich so gebildet? Sind Sie wirklich so gescheit?« Dann sagt der: »Ja, das stimmt.« Pass auf, Bruder, hab ich mir dann gedacht, das möchte ich jetzt schon sehn, ob du so gescheit bist, und hab ihm eine Frage gestellt, ganz eine einfache Frage. Ich hab gefragt: »Wenn Sie ein Finne sind, dann bitte sagen Sie mir: Kennen Sie die Schlacht von Ampfing?« Haha! Genau! Keine Ahnung, der Hanswurst. Verstehen Sie? Also, da sieht man's doch, wie wir in Bayern beschissen werden! Das ist ja unglaublich. Der Pisa-Sieger kennt nicht einmal die Schlacht von Ampfing. Das ist ein Skandal, im Grunde. Die Schlacht von Ampfing kennt doch bei uns schon jedes Kind. Die kennt wirklich ein jeder, weil das die einzige Schlacht ist, wo wir gewonnen haben. Und heute im Nachhinein – jetzt ist mir das überhaupt erst klar: Sind wir froh, dass wir die Schlacht von Ampfing gewonnen haben! Denn wenn wir die auch noch verloren hätten, dann wären wir heute allesamt Österreicher.

Und bitte, wo fahren wir denn dann zum Tanken hin?

Wissen Sie, ich sag halt so: Wenn ich Europa will, wenn ich das wirklich will, nehmen wir mal an, ich will's, dann brauch ich doch Europäer dafür, oder? Nicht so Provinzler. Mit Provinzlern kann man doch kein Europa bauen. Da brauch ich Leute, die einen Stil haben. International Flair! Die, wo einen Horizont haben, gell. Da brauch ich Leute wie einen Hinrainer Rudi zum Beispiel.

Doch, der Rudi, der ist für mich ein Europäer, durch und durch. Er kann zwar kein Englisch, aber er frisst einen Sushi. Er tut auch Nordic Walking. Er war in Kuba beim Diven. Er sauft einen Bardolino. Fährt einen Mitsubishi. Der ist voll auf Europa! Außerdem ist er sowieso international, weil er ist ja mit einer Thailänderin verheiratet. Seine Frau ist eine Thaifrau! Und zwar schon die dritte. Warum? Das ist nämlich auch interessant. Das ist jetzt zwar ein anderes Kapitel, aber der Rudi sagt, die Thaifrauen sind zum Anschauen wirklich anmutig – aber, sagt er, haltbar sind sie nicht. Er sagt, er hätte jederzeit aus seiner Sicht auch eine europäische Frau geehelicht. Das wäre ihm wurscht gewesen. Polin, Ungarin – scheißegal, sagt er. Aber jetzt kommt es – er sagt: Die europäische Frau hat sich seiner Meinung nach mit ihrem enormen Selbstbewusstsein im Grunde selber sehr geschadet. Gell. Das sag nicht ich, das sagt der Hinrainer Rudi!

Und jetzt noch was, ich mein, mit dem Europa. Das ist doch ein uralter Traum. Da haben doch schon die Griechen davon geträumt, von diesem Europa. Neu ist das nicht. Aber, ich frag Sie: Muss ich jeden Traum verwirklichen? Muss ich das? Muss ich jeden Traum in die Wirklichkeit umsetzen? Schauen sie, meine ... Frau, die träumt jetzt schon – ach, zehn Jahre reicht gar nicht, dass sie von einem neuen Schlafzimmer träumt. Excuse me – ich brauch keins! Aber ich lasse meiner Frau ihre Träume – verstehen Sie? Das hat einen Riesenvorteil: Ich kann besser schlafen, und sie hat noch einen Traum!

Der Notar hat sie mir vorgelesen, die versteckten Mängel, der Standesbeamte nicht!

DIESER MOZART

Mein Name ist Schickaneder. Sagt Ihnen das was? Schickaneder, wir kommen aus Straubing.

Das Schlimme ist, ich kann das alles beweisen, aber es hilft nix. Das ist das Tragische. Ich krieg von diesem Mozart noch ein Schweinegeld! Aber bitte wie?

Ich bin im Besitze eines Schuldscheins, alles echt, alles optimal. Den hat der Mozart einem Vorfahren von mir gegeben, weil ihm der einen Haufen Geld gezahlt hat, für eine Symphonie.

Dieser Mozart hat das Geld kassiert, eingestrichen. Aber die Symphonie hat er nie komponiert! Sonst würde die jetzt mir gehören. Und mit dieser Symphonie hätte ich mir ja ein ganz anderes Leben aufbauen können. So schaut's aus!

Wie zum Beispiel der Arno, dem sein Vorfahre hat den Klarinettenmuckel komponiert, den original Klarinettenmuckel: Didl didl didl didl rampampam … Dem schwappen die Tantiemen direkt tsunamiartig rein. Logisch, das ist auch eine Musik, die ein jeder mag.

Aber bei dem Tamtam, was die zurzeit mit dem Mozart machen, wäre so eine Symphonie schon auch was wert. Ich will gar nicht anfangen, drüber nachzudenken.

Wahnsinn! Reisen, eine neue Küche. Carrerakacheln in meiner Metzgerei.

Oder allein automäßig! Porsche, Maserati, Ferrari, Bugatti! – Wahnsinn!

Ein Wohnblock und vermieten, dass es nur so scheppert. Und so weiter, und so weiter!

Aber im Grunde war dieser Mozart ein Gangster. Kassiert und schreibt die Symphonie nicht. Er hätt bloß eine schreiben müssen. Aber der ist auch mit dem Geld umgegangen … unwahrscheinlich! Der hat's krachen lassen! Pferdl hat er gehabt! Für was, frag ich Sie, braucht ein Musiker Pferde? Der soll komponiern! Aber: Geld regiert die Welt! Stimmt doch, oder?

Ich könnt den Schuldschein natürlich auch verkaufen, im Ebay versteigern beispielsweise, aber so viel bringt der auch wieder nicht. Ich hab mich schon erkundigt. Der Lappen bringt im Höchstfall drei Wochen Kanarische Inseln … und eine Schiausrüstung … und vielleicht noch … Na ja, scheißegal.

Aber dass einer bezahlt kriegt und überhaupts nichts dafür leistet, nicht amal eine Symphonie schreibt!

Aber über so was schreiben sie nix, diese Zeitungsschmierer!

Mozart! Ja freilich, der steht ganz oben droben! Genie … und so weiter! Aber das Opfer von dieser Drecksau bin ich!

Mein Neffe ist schon ein Hund. Er hat eine Realschule durchgemacht, war sieben Monate Assi in einem Kostümverleih, zwölf Monate Brotzeitholer bei der Aktion Mensch und bekommt heuer den »Goldenen Meier«.

EINE MENSCHLICHE SAU

Ich sag's, wie's ist, wenn man … Entschuldigung, wann macht die Apotheke wieder auf? Ich muss dieses Zeug fressen, der Doktor sagt, ich muss das fressen, wegen meiner Pumpe, weil ich mich so aufrege! Ich kann mich dermaßen aufregen! Wenn ich schon den Namen höre, wenn ich schon Bichlmeier höre, dreh ich durch! Ich hab eine Allergie! Dieser Bichlmeier, das ist … Der ist in meinen Augen … Jetzt sag ich Ihnen was, das ist im Grund eine menschliche

Sau! Jawohl! Ich will den Mann nicht schlechtmachen. Das hab ich gar nicht notwendig! Aber wenn ich denke, wie dieser Kerl, wie diese … Das ist doch eine Ratte! Dass es überhaupt möglich ist, dass so was hierzulande noch herumläuft, da fragt man sich.

Ich muss zum Apotheker, ich muss das Zeug fressen!

Der redet sich leicht, der Doktor. »Regen Sie sich halt nicht auf!«, sagt der. Aber der kennt den Bichlmeier nicht! »Denken Sie an was Positives!« Der hat Nerven!

Freilich, ich tät gern an was Positives denken, aber das einzig Positive in meiner Umgebung ist mein Schwiegersohn, der ist was Positives, jawohl! Mit dem hat meine Tochter ein derartiges Massl gehabt! Das habe ich ihr aber auch gesagt. Hut ab vor diesem Schwiegersohn! Er ist Arzt, Gynäkologe. Er ist eine Kapazität. Hält Vorträge. Verdient sehr gut, und ich muss immer wieder sagen, meine Tochter, nix gegen meine Tochter – aber eine Schönheitskönigin war sie nie. Gut, sie hat sich herausgewachsen, das schon, aber dass sie so ein Schwein hat mit dem Schwiegersohn!

Ich komm gut zurecht mit ihm. Er hat ja nie Zeit, er ist ja selten da, er hält ja weltweit diese Vorträge. Aber wenn er mal da ist, dann spielen wir schon amal einen Schafkopf miteinander, nicht wahr. Und ich halt mich ja sowieso zurück. Bei jungen Menschen muss man sich auch zurückhalten, ist ja klar. Die leben ihr Leben. Ich sag immer wieder: »Machts, es geht mich nichts an!« Ich misch mich da nicht ein, weil sie verdienen ja gut. Sie geben auch sehr viel Geld aus. Die haun das Geld hinaus, dass es bloß so scheppert! Aber bitte sehr!

Jetzt haben sie den Garten umgegraben, den *ganzen* Garten! Da kommt ein, so ein Teehaus hinein. Ein Teehaus! Und dann wird so ein Kies aufgeschüttet, gell, Kies! Da schütten's lauter Kies auf, weil, wie heißt der wieder? Sagen Sie mir's! Zen! Na ja! Zehntausende kost's jedenfalls! Da darf kein Schnittlauch und kein Löwenzahn und nix, nicht wahr, nur dieser Zen! Mich geht's nix an, aber wundern darf man sich schon.

Sie haben jetzt so einen Teich angelegt – einen Weiher halt –, da haben sie diese Karpfen drin! Da kostet ein jeder so viel wie ein Golf GTI! Da hab ich dann doch gesagt: »A bissel spinnts ihr schon, gell!« Ich tu doch nicht solcherne Karpfen hinein, oder? Am End kommt die Miezi vorbei, hackelt einmal nei, und schon ist ein Golf GTI im Arsch!

Andererseits sag ich mir wieder: »Halt dich zurück, das geht dich nichts an!«

Aber dann war Folgendes: Ich weiß nicht, ob Ihnen das bekannt ist: Die Stadt München hat doch diese Partnership, nicht wahr, mit … Wie heißt's schnell wieder? Ja! Kiew! In der Ukraine! Diese Partnerschaft. Warum sie's haben, weiß ich nicht. Wegen meiner hätt's es nicht gebraucht, aber so ist's halt!

Also, von denen kommt eine Anfrage an den Schwiegersohn, ob er nicht einmal kommt und einen Vortrag hält. Er ist halt eine Kapazität. Aber der casus knackus, natürlich: Sie haben kein Geld! Na ja, einen Vortag wollen sie, aber zahlen können sie nicht. Der Schwiegersohn ist generös, fast ein Depp, also er hätt's umsonst gemacht.

Ich hab aber dann doch ein bisserl auf ihn einwirken können. Er hat dann gesagt, wenn sie ihm den Flug zahlen und das Hotel, dann macht er's ihnen umsonst.

Allerdings muss ich zugeben, ich hätt's nicht

geglaubt, aber … diese Ukrainer haben einen gewissen Anstand. Sie haben zwar kein Geld, dafür soll er einen Wunsch äußern. Sie würden versuchen, ihn dann irgendwie zu erfüllen. Der Schwiegersohn meint: »Ja, ja, was? Die haben ja nix, und mir haben ja alles, was für einen Wunsch? Was soll ich mir von denen wünschen?« Aber ich hab ihn korrigiert. »Da täusch dich nicht«, sag ich, »wir haben schon Sachen, die wir nicht haben in Deutschland, gell. Zum Beispiel Leute, die arbeiten wollen! Da geht's schon los.«

Ja, und das war's eben. Wie es gegangen ist, weiß ich nicht, es entzieht sich meiner Kenntnis. Der Schwiegersohn hat seinen Vortrag gehalten, und irgendwas muss er angedeutet haben, gell, dass er noch Leute braucht für den Garten oder, ich weiß es nicht.

Also, jetzt passen Sie auf … Nein, nicht dass Sie falsch denken, aber dann waren die zwei auf einmal da. Der Miroslav und der Jaroslav. Aber nicht irgendwie … illegal. Das nicht! Gell. Das tät der Schwiegersohn ja nicht, nein, niemals! Sondern, ich würde halt sagen, irgendwie so semilegal, oder so.

Auf alle Fälle, ich kann Ihnen sagen, das sind

Menschen. Das müssen Sie erlebt haben. Diese zwei Ukrainer! Eine Freude zum Zuschauen. Wie die gearbeitet haben! Der Miroslav, der war ja nur unter der Erde. Den hat man gar nimmer gesehen. Wenn ich solche Leute habe, brauche ich keinen Caterpillar mehr, den kann ich mir glatt sparen. Das sind noch Leute, die schauen nicht auf die Uhr wie die unseren, die haben schon gar keine, so fangt's schon an.

Aber jetzt passen Sie auf: Kommt der Schwiegersohn zu mir und sagt: »Du, Pap, Malör, Malör«, sagt er, er muss weg. Vortragswochen, mehrere Wochen lang, in Südamerika, da drunten ... Rio de Janeiro, Mexiko, Buenos Aires, Caracas, Kapstadt ... da unten halt.

»Pap«, fragt er, »was mach ich denn? Ich hab doch die zwei Ukrainer da. Die liegen mir ja brach, wenn ich so lang weg bin.« »Kümmere dich nicht«, beschwichtige ich ihn, »das mach ich! Tu du deine Vorträge halten. Ich übernehme die Sache. Die zwei können auch bei mir ein bisserl arbeiten. Ich krieg jetzt in meinen Garten eine Gasleitung, gell – 300 Meter lang –, da können sie erst amal ein bisserl graben, und wenn das nicht genügt, dann bau ich irgendwas. Mir fällt schon was ein! Und wenn ich ein Saunahäusel oder ein türkisches Bad hinstelle, irgendwas mach ich schon. Ich verpfleg die zwei, gell, und unterbringen kann ich sie ja jetzt auch, seitdem der Barry tot ist!« Der Barry, das war ein Rottweiler. Nicht dass Sie jetzt falsch denken. Das ist keine Hundshütten, nein, das ist schon ein Zwinger. Nicht der von Dresden natürlich, aber ich habe ein Styropor reingetan, verstehen Sie, da ist ein Stromöferl drin, saugemütlich! Ich hab die zwei gefüttert. Die haben ja zum Frühstück jeder schon 150 Gramm Leberkas … Jeder! Gell. Mittag wieder jeder 150 Gramm Leberkas, am Abend amal einen Kalbskas. Essiggurken … Das hab ich übrigens nicht gewusst, dass diese Ukrainer so viel Essiggurken fressen, also was die Essiggurken … Unglaublich.

Aber jetzt kommt's. Ich fang schon wieder an. Ich merk's schon! Mein Herz pumpert schon wieder!

Dann kommt er daher, dieser … Bichlmeier! Und wie er kommt, gell. Wie der daherkommt, so verlogen, gell, so jesuitisch, so verdraht! Und dieses unehrliche Gesicht! »Ach«, sagt er, »ich sehe schon, hier wird gearbeitet.« Ich denk mir: »Hab dich schon! Nachtigall, ich hör dir trapsen!« Gell.

Jetzt möcht er mich denunzieren. Schwarzarbeit! Das kenn ich!

Aber ich hab gleich den Stier bei den Hörnern gepackt, gell. Ich hab gleich gesagt: »Bitte, kommen Sie, Herr Bichlmeier, darf ich vorstellen: Das hier sind zwei Herrschaften aus der Ukraine! Die sind hier zur Wiedergutmachung.«

Ja, und dann sagt doch der … Bei ihm unten in Spanien, sagt er, da hat er ein Haus. Der hat a Haus! In Marbella! Eine Villa! Wie er sich die ergaunert hat, weiß ich nicht. Ja, und er sucht Arbeitskräfte. Aber er sagt, Spanier kann er keine mehr nehmen, die sind so faul, das geht nicht, die sind von den Deutschen infiziert, die sind nicht mehr zu gebrauchen. Auf Deutsch gesagt, er fragt halt, ob er die Ukrainer kriegt!

Und genau auf das ist er hinaus.

»Ja«, hab ich gesagt, »wie stellen Sie sich denn das vor, Herr Bichlmeier? Ich kann Ihnen doch die Ukrainer nicht geben!« »Ja, nur eine Woche«, und er verpflegt sie, und die haben das schönste Leben, fast wie Urlaub, und so weiter. Und jetzt steh ich da! Weil ich hab eine Mitschuld, weil der Kerl so reingebohrt hat. Und ich … Obwohl, ich hab schon noch Widerstand geleistet, habe gesagt:

»Herr Bichlmeier, wie stellen Sie sich das vor? Ich kann Ihnen die Ukrainer nicht geben, die gehören mir nicht, die gehören meinem Schwiegersohn! Wenn ich sie Ihnen gebe, dann nur eine Woche, dann sind die wieder da! Außerdem zahlen Sie eine Kaution und eine Provision!«

Ich Rindviech hab dann noch drauf hingewiesen ... Das weiß ich genau, dass ich das gesagt hab: »Herr Bichlmeier, wenn ich Ihnen die Ukrainer überhaupt aushändige, dann möchte ich sie im selben Zustand wieder zurück, wie Sie sie von mir erhalten!«

Ich hab sie ja noch fotografiert, gell.

Und dann? Ja, dann ist genau das eingetreten, was ich befürchtet habe. Ich mach mir selber Vorwürfe, das ist's ja!

Nach einer Woche, wer war nicht da? Die zwei. Kein Ukrainer weit und breit! Ich hab da unten angerufen. Die Nummer, wo er mir gegeben hat, war natürlich getürkt. Fünf Tage nach Ablauf kommt der mit den zwei Ukrainern zurück, aber fragen Sie nicht, wie die ausgeschaut haben. Ich hab Sie gleich gar nimmer erkannt! Ich hab gemeint, die sind aus einem Lager. Die haben ausgeschaut wie der Boandlkramer persönlich. Und dann hab ich erfahren, was da los war. Der hat die zwei Ukrainer da drunten benutzt. Hat sie untervermietet an einen Immobilienmakler aus Frankfurt am Main, und dem haben die da drunten eine Zisterne ausgekratzt, acht Meter tief... Bei fünfzig Grad im Schatten! Und so haben die auch ausgeschaut!

Und dafür hat er von dem Makler auch noch eine Provision verlangt, diese Drecksau, diese... Das hab ich ihm dann auch ins Gesicht gesagt. »Herr Bichlmeier«, hab ich gesagt, »Sie sind eine menschliche Sau! So was hab ich überhaupt noch nicht erlebt! Hauen Sie ab«, hab ich gesagt, »sonst dreh ich durch!«

Wo ist der Apotheker?

Ich kann ja in der Zeit, bis der Schwiegersohn kommt... Nein, wenn der diese Gestalten sieht! Ich kann doch die in der kurzen Zeit, bis der Schwiegersohn da ist, mit Leberkas gar nimmer aufpumpen, wie soll denn des gehen?

Jetzt steh ich da... Nicht wahr. Jetzt steh ich da!

Ich hab natürlich, klar... Also, wie soll ich sagen... Der Alessio tut, was er kann, er ist wirklich kooperativ, freundliche Leute, diese Italiener.

Diese Hilfsbereitschaft. Aber jetzt schauen wir halt amal. *Der* Alessio! Freilich. Der von der Pizzeria.

Ich hab ihm das erzählt … Mei, er versucht sein Bestes. Er sagt, es wird nicht einfach sein. Weil, er hat ja noch zwei Brüder. Die sind alle da drunten in Apulien, und der eine Bruder von ihm ist eine Art, wie sagt man, eine Art Chef, und der sagt: »Jede Woche schwappt's ein paar ans Ufer, gell!« Er sammelt sie ein und tut sie dann weitervermitteln.

Aber, meint der Alessio, die Wahrscheinlichkeit, dass es in Apulien Ukrainer ans Ufer hinschwappt, das ist eher unwahrscheinlich. Meistens schwappt's Chinesen hin oder Neger oder irgendsolche. Und im Endeffekt muss ich halt dann nehmen, was ich krieg. Ha! Da wird der Schwiegersohn spitzen, wenn er statt die Ukrainer plötzlich zwei Chinesen dahat.

Ich verweiger doch keinen Wehrdienst. Lieber derschieß ich doch einen, den ich nicht kenn, als dass ich ihm den Arsch ausputz.

DER MÄZEN

Sie glauben ja nicht, was man da mitmacht. Gestern, das ging bis spät in die Nacht. Wir ham doch diese Trüffel-Rallye ins Leben gerufen. Damit die da unten in Afrika ihre Fußball-WM auf die Reihe bekommen. Also reines Sponsoring. Zwar wirklich ein guter Zweck, aber das kostet halt auch. Natürlich, man will ja helfen, aber diese Neger …

Entschuldigung, man sagt ja jetzt Schwarze, äh Schwarzafrikaner. Ohne Hilfe zur Selbsthilfe, unmöglich! Und damit da was läuft, in Gottes Namen, dann fress ich halt auch den Trüffel, bis er mir bei den Ohren herauskommt. Ohne Sponsoring hätten wir auch in Deutschland nie die Fußball-WM hergebracht. Das waren die Brauereien. Deutschland, das Land der Dichter und Denker, ha! Dass ich nicht lach! Goethe und Schiller, die kennt doch heute keine Sau mehr. Nur durch diese WM hat die Welt erfahren, dass es uns Deutsche noch gibt, dass wir Leute haben wie einen Beckenbauer oder einen Netzer, die in der Lage sind, wenigstens als Redner etwas darzustellen, so dass die Welt mondial, aber auch global aufhorcht.

Aber wie gesagt, all das geht nur über Sponsoring.

Sogar der Vatikan braucht Sponsoren. Wenn die ein Mega-Event abziehen, wie diesen Urbi et orbi, dann geht das nur noch mit Heineken. Aber da können Sie sicher sein, Heineken kooperiert nicht nur spirituell. Natürlich darf man sich schon die Frage stellen: Muss ich zur Oblate ein Heineken saufen? Mir persönlich wäre ein Augustiner viel lieber, aber that's it, also life.

Glauben Sie mir's, ohne Sponsoren geht heute gar nichts mehr. Sogar moralische Grundsätze sind heute mehr denn je auf eine solide finanzielle Grundausstattung angewiesen. Dass sich hierzulande ein kritischer Kopf hinstellen kann und unabhängig, ich betone: unabhängig, von seiner persönlichen Meinung sich für einen Möbelgiganten einsetzt, ist ohne Sponsor nicht denkbar. Ich sage bewusst Sponsor und nicht Mäzen. Das ist ein gigantischer Unterschied.

Der Sponsor ist kein Gambler. Er zahlt nur, wenn er was kriegt für seine Großzügigkeit. Er muss ja auch von was leben. Der Mäzen hingegen, der scheißt alles mit Geld zu, kauft Bilder und was er davon hat, na ja, Glückssache. Jetzt werden Sie sagen, und wo bleibt der Staat? Ha! Genau! Ja, wo bleibt er denn? Kein Geld! Nur Unkosten! Gewaltige! Denken Sie nur einmal an den Flughafen Berlin Schöneberg, ganz zu schweigen vom Transrapid. Oder was allein der Umzug der Spione von Pullach nach Berlin kostet! Ungeheuer!

Ich sag's Ihnen, das dauert, bis sich diese Einsicht bei den Rentenempfängern durchsetzt. Das können die mit einer einzigen Nullrund niemals bezahlen, da müssen sie schon direkt Karussell fahren.

Übrigens zum Geld haben diese Spione auch ein merkwürdiges Verhältnis. Ich wollte mal so einen privat engagieren, weil ich bin durchaus ein Besserverdiener, und ich geb's zu, ich hab kein Problem damit. Aber meine Frau! Manchmal frag ich mich, ja wo geht denn mein schönes Geld überall hin? Ich habe ihr schon wiederholt Maximilianstraßenverbot erteilt. Aber da scheint es Nebenpfade zu geben. Deshalb Spion, aber die sind selber gaga. Als ich registrieren musste, dass die mit Polonium arbeiten, also ich bitte Sie, Polonium – das kostet doch ein Vermögen. Bei aller Liebe zu meiner Frau, aber Polonium wäre sie mir weiß Gott nicht wert. Rattengift! Wie früher! Das ist effektiver und preiswerter, oder nicht?

Oh je, es wird schon wieder dunkel, ich muss weg zum Sponsern. Heute dieses Lobster-Festival zu Gunsten der Tiramisu-Geschädigten, morgen internationales Wetttrinken zu Gunsten der Aktion Mensch. Also Sie sehen, man macht schon was mit. Eigentlich bin ich ja doch mehr ein Mäzen, aber gegen ein kleines Denkmal oder dass man ein Gymnasium nach mir benennt, hätte ich natürlich nichts einzuwenden.

Mein Nachbar, der Promi, kriegt eh schon fast alles umsonst, und auf das geben sie ihm zusätzlich noch einen Mengenrabatt.

DUZI DUZI

Also, wenn ich damals älter gewesen wäre, im Café Annast, damals, im Hofgarten heraußen, im Freien, weil's ein wirklich schöner Tag war, dann hätte ich dem Hitler wahrscheinlich die Prinzregententorte und das Glas Tee gezahlt!

Weil der Hitler war ja als solches kein Zechpreller. Man kann ihm ja viel in die Schuhe schieben. Röhm-Putsch und dass er Vegetarier war und so… Aber ein Zechpreller war er nicht. Vielleicht ist er noch in Trance gewesen, geschockt halt, weil er doch in diesem Pasewalk an der Ostsee so eine Heilhypnose erlitten hat, aus der er nie mehr herausgekommen ist, und er auch deswegen dort in der Anstalt damals schon den Entschluss gefasst hat, Politiker zu werden.

Also Sie müssen sich das so vorstellen: Er saß ungefähr da. Die Prinzregententorte noch vor sich, weil er musste ja die Ohren spitzen, was der Ludendorff seinen Offizieren über den Dolchstoß erzählt hat. Der General Ludendorff und seine Offiziere sind ungefähr hier gesessen ... da. Und er musste doch derluren, wie er in eine Gesprächspause hineinkommt. Woher ich das weiß? Ja, ich war doch höchstpersönlich mit meiner Mutter am Tisch daneben gesessen. Und weil ich noch ein Säugling war und immer gebrüllt habe, hat der Hitler sich dann zu mir heruntergebeugt und »duzi, duzi, duzi« gesagt, weil er doch unbedingt hören wollte, was dieser Ludendorff über den Dolchstoß erzählt. Und meine Mutter hat auch »Willi!« gesagt – also ich heiße Willi –, ich bin dann auch sofort ganz still gewesen, und meine Mutter hat immer wieder erzählt, dass er ganz normal, wie man halt so mit Säuglingen redet, »duzi, duzi, duzi« gesagt hat und nicht wie später so irgendwie geschraubt »Tuzzi, Tuzzi, Tuzzi!«

Heute erkläre ich mir mein Schweigen natürlich so, dass dieser Mann eben eine enorme Suggestionskraft besessen hat – schlichtweg phänomenal!

Und weil ich plötzlich so ruhig war, konnte er tatsächlich in diese akustische Bresche beim Ludendorff hineinspringen und in seiner typischen Art hinüberrufen: »Dada da tok da Dadum, da tata da dü da Judentum!«

Der Ludendorff fand das dann hochinteressant und hat ihn zu sich hinübergebeten. Und diese – sagen wir es ruhig – historische Begegnung habe ich durch mein Stillsein ermöglicht.

Das Leben ist wie eine Lotterie, Menschen kommen zusammen, gehen wieder auseinander, bemerken es oft nicht einmal, und doch hat das Schicksal zugeschlagen. Oder nicht?

Weder mir noch meiner Mutter war damals klar, dass der Mann, der zu mir »duzi, duzi, duzi« gesagt hatte, daraufhin erst der Hitler wurde, der er noch nicht war, als er den Ludendorff kennenlernte und er vor Aufregung vergaß, seine Prinzregententorte, die er nicht einmal angerührt hatte, zu bezahlen, und er deshalb Hausverbot im Café Annast bekam.

Das wurde allerdings 1933 wieder aufgehoben.

Und wenn ich daran denke, wen ich in meinem späteren Leben noch alles kennengelernt habe, allein über den Bayrischen Rundfunk – den Jungermann, den Fritz Benscher, den Werner Götze …

Den Peter Frankenfeld hab ich dann im Fernsehen kennengelernt, auch die Familie Hesselbach und den Dings mit dem Bempl, dann den Franz Josef Strauß natürlich, den Max auch, im Wienerwald einmal. Aber der Tochter, der Hohlmeier, der bin ich nie begegnet. Schade! Aber dann hätte sie mich ja erpresst, wie die anderen, von denen sie was gewusst hat, und dann wäre ich heute eine Leiche im Keller oder besser ein Untoter im Keller, weil irgendwann käme ich dann wieder ans Tageslicht, und wer weiß, wer dann wieder »duzi, duzi, duzi« zu mir sagen müsste, damit ich eine Ruh geb.

Dass diese Entwöhnung vom Entzug derartig ruck, zuck geht, hätt ich mir nicht amal träumen lassen.

TRANSPARENZ

Gerade im Sommer, aber auch schon im Frühjahr fang ich immer an mit einem Bock. Meistens jedenfalls, wenn ich im Biergarten bin. Ich nehme einen Bock und danach wieder was Leichtes. Daraufhin vielleicht wieder ein Weißbier. Oder ein … nein, ein Pils eigentlich nicht. Und dann kommt's immer aufs Wetter drauf an, ob ich noch einmal zum Bock greife. Denn wenn der Bock so wie Sirup runtergeht im Biergarten … aaah!

»Das ist eben ein Bock«, sag ich, wenn ich ein Bockbier trinke. Dann habe ich meine acht Prozent. Das kriegst heute bei keiner Sparkasse. Außerdem ist es eine Unterlage und einfach eine Kultur.

Das Einzige, auf das man Obacht geben muss, ist, dass man ihn aus einem Glaskrug trinkt. Niemals aus einem Steinkrug! Weil da sieht man ja nicht, was drin ist.

Neulich, ich hock im Biergarten, die Blaskapelle spielt *Ein Prosit der Gemütlichkeit*, wunderbar, ich zieh an, also ich trinke quasi. Auf einmal hab ich so einen Schladerer im Hals. So einen … Schleim, so einen … Glachl. Auswurf, könnte man auch sagen. Ich habe ihn nicht gesehen, aber ich vermute, dass er grün war. Grün, jawohl!

Und dann ist mir dieser mir unbekannte Schleim Millimeter für Millimeter, verstehen Sie, wie eine Schnecke, langsam, zäh, meinen eigenen Hals hinuntergekrabbelt. Und das zieht sich natürlich, bis der unten ankommt. Ich stand der Sache machtlos vis-à-vis. Und da kann man sagen, was man will, das ist … unappetitlich.

Natürlich hab ich einen Schnaps gebraucht, und nicht bloß einen, gleich ein paar! Aber es hat nichts geholfen. Ich hab dann eine ... Ding gekriegt, eine Mundfäule. Ich sag's Ihnen, ich habe eine solche Mundfäule bekommen! Ekelhaft! Sogar die Fliegen sind auf und davon! Ich mag's gar nicht schildern, weil sonst graust's Ihnen bloß.

Ich hab schon gewusst, jetzt musst zum Doktor. Hilft alles nichts. Also geh ich zum Doktor, zum alten Rosstäuscher. War der nicht da! Der war in Urlaub! Der war in der Dominikanischen Republik! Was tut der alte Depp in der Dominikanischen Republik?, frag ich Sie.

Aber einen Assi hat er gehabt, einen jungen Ossi. Also der Assi war ein Ossi, und dem hab ich von meinem Problem erzählt. Ich hab gesagt: »Horchen S' zu«, hab ich gesagt, »ich bin im Biergarten drin, die Musi spielt *Ein Prosit der Gemütlichkeit*. Ich zieh an, also ich trinke quasi, auf einmal hab ich so einen Schladerer im Hals, so einen Schleim, so einen Glachl, so einen Auswurf! Ich kann Ihnen nicht genau die Farbe schildern, aber ich vermute, er war grün.« »Das kenn ich schon, das kenn ich schon«, sagt der Ossi. »Nein«, sag ich, »gar nichts kennen Sie. Jetzt mögen Sie mir schon einmal zuhören, oder wollen Sie bloß operieren?«

Dann redet der noch so saublöd daher und lacht. »So, so, einen Auswurf haben Sie verschluckt. Das ist doch die Auster des kleinen Mannes.«

So ein Arschloch, da muss ich mich von diesem Grattler auch noch verspotten lassen. So weit sind wir! Aber Spaß beiseite, warum erzähl ich das? Was will ich damit bezwecken? Ich sag bloß: »Trink immer nur aus einem Glaskrug, da siehst du, was drin ist, da hast du eine Transparenz! Und wenn wirklich im Schaum ein Lungenhering herumschwimmt, kannst du ihn allerweil noch rechtzeitig herausfischen!«

Sammer uns doch ehrlich, für einen Christenmenschen stellt sich der wahre Weihnachtsfriede erst mit der Gehaltserhöhung ein.

MEIN SCHÖNSTES WEIHNACHTSERLEBNIS

Und dann hat mich der Herr vom Rundfunk gefragt: »Was ist Ihr schönstes Weihnachtsfest gewesen?« Da hab ich nicht lange nachdenken müssen. Mein schönstes Weihnachtsfest war, als ich noch ein kleiner Bub war und mein Vater aus der Kriegsgefangenschaft herausgekommen ist.

Also nach dem Zweiten Weltkrieg.

Am Heiligen Abend, unterm Baum, hat er dann die Zinnsoldaten herausgeholt und die Schlacht von Verdun aufgebaut. Mein Vater wollte die Schlacht von Verdun gern einmal so aufbauen, dass die Franzosen verlieren und nicht immer die Deutschen.

Und dann hat er zu mir gesagt: »Pass auf Bubi«, hat er gesagt, »hier ist das Bataillon mit den Husaren. Pass mir ja auf die Husaren auf, gell.«

Ich habe aufgepasst, aber ich war halt noch ein kleiner Bub und unerfahren. Die Schlacht hat sich lange hingezogen, und dann habe ich so einen Reiter, so einen Husaren genommen und habe ihn ins Kerzenlicht hineingehalten, und weil er aus Blei war, ist er geschmolzen. Das hat mir sehr gefallen.

Und dann habe ich noch einen Reiter genommen, und den habe ich auch geschmolzen, und dann habe ich das ganze Bataillon eingeschmolzen, und dann hat mein Vater gesagt: »So, Bubi, jetzt machen wir die Franzosen fertig. Wo sind denn die Husaren?«

Und dann habe ich meinem Vater das Bataillon in Form einer Bleikugel überreicht.

Und dann hat mein Vater gesagt: »Du Sauhund, du verreckter, jetzt kracht es gleich unwahrscheinlich!«

Mein Vater wollte mich sauber verprügeln, aber sich vorher erst einmal stärken. Er ist auf den Balkon hinaus, weil da hat er ein Bierdepot gehabt. Aber weil Weihnachten war und es saukalt war und am Balkon so glatt, ist er vom Balkon hinuntergefallen, weil er ausgerutscht is.

Und ist auf den Nachbarbalkon hinaufgefallen, wo auch ein Bierdepot war.

Und dann haben sie meinen Vater ins Krankenhaus, weil er Rippenbrüche gehabt hat und Quetschungen.

Er ist erst nach Heilig Dreikönig wieder heimgekommen, und das war das schönste Weihnachtsfest in meinem Leben.

Der Shareholder glaubt immer noch an den Kaufhausnikolaus. Das nenn ich Konsequenz.

MEHR ODER WENIGER

Was will eigentlich diese Minderheit? Diese Frage muss doch bei uns in Bayern endlich einmal gestellt werden! Was wollen die denn? Mein Gott nochmal! Ist sich diese Minorität immer noch nicht wenig genug? Wie wenig will sie denn noch werden? Langt's ihr noch immer nicht? Sie war's doch eindeutig selber, die sich zur Minorität gewählt hat! Demokratischer geht's doch gar nicht! Und wenn eine Minderheit noch ein bissl ein Hirn hat, dann muss sie doch kapieren, dass sie selber die Ursache für die Mehrheit ist. Wären sie nicht so wenig gewesen, gäbe es ja gar keine Mehrheit. Zwei Drittel der Bayern – also eine Zweidrittelmehrheit – will hier überhaupt keine Minderheit haben! Was sagt mir da meine Wenigkeit?

Ja, Kruzinesn – wem gehört jetzt eigentlich die Demokratie? Doch wohl der Mehrheit! Oder?

Pssssst – Sind Sie amal still! Ganz leise! Hören Sie's?

Das ist die schweigende Mehrheit.

Hören Sie es, wie staad die sind?

Glauben Sie es mir: Laut sind nur so Minoritäten, so Einzelgänger, Individuen, Subjekte, Querulanten. Weil sie einen Minderheitenkomplex haben, drum wollen sie auf sich aufmerksam machen.

So ist das leider. Diese Welt ist so.

Aber wenn wir diese Welt verändern wollen, dann müssen wir – und ich hoffe, Sie geben mir recht –, wir, die wir noch – ich betone: *noch!* – die Mehrheit haben, höllisch aufpassen, dass diese Minderheiten uns nicht überschwemmen.

Und ich sag's, wie's ist: Wenn so eine Minderheit mal die Mehrheit ist, dann – gnade uns Gott.

Keiner soll daherkommen und behaupten, dass man bei uns gezwungen ist, eine Minderheit zu sein. Jeder hat das Recht, sich einer Mehrheit anzuschließen. Dann braucht er sich auch von keiner Minderheit majorisieren lassen!

Was haben sie denn erreicht bis jetzt? Nennen Sie mir *eine* Klimakatastrophe, die sie verhindert hätten! Oder *eine* Autobahn! Also dann. Aber sie sind gegen *alles*! Bevor was gebaut wird, sind sie dagegen – wenn's geplant wird, sind sie dagegen – wenn die Planung durchgeführt wird –, und wenn das Projekt fertig ist, sind sie auch dagegen.

Aber dass es der Mehrheit wurscht ist, was geplant wird – das interessiert sie nicht! Wenn eine Minderheit einer Mehrheit einen Schaden zufügt, dann ist das doch viel schlimmer, als wenn eine Mehrheit amal einer Minderheit … äh, oder?

Eine Minderheit will der Mehrheit ihre Identität nehmen, und überhaupt, wenn heute so ein Einzelner – ein Einzelgänger halt – mit seiner Meinung hausieren geht und andere Menschen beeinflussen will, ja bitte, woher hat er denn dann seine Weisheit? Woher denn? Aus dem Fernsehen! Jawohl! Woher denn sonst? Also braucht er mir den Schmarrn gar nicht erzählen, weil ich schau selber fern.

Wenn ich heute die Welt einigermaßen in den Griff bekommen will, dann lese ich eine Zeitung mit einer hohen Auflage. Die, wo halt alle lesen! Und wenn ich mir heute amal eine gute Sendung anschauen will, die, wo Millionen sehen, dann habe ich auch eine gute Sendezeit. Ich wart doch nicht bis um ein Uhr in der Früh, bloß dass ich das anschaue, was so ein paar versprengte Hansln sehen wollen. So weit kommt's noch!

Die Mehrheit muss ja in der Früh aufstehen und arbeiten, die kann ja nicht bis am Mittag im Bett umeinanderflaken! Aber dagegen kann auch die Demokratie nichts unternehmen. Wenn sich eine Minderheit über etwas aufregt, was sie betrifft, dann soll sie das meinetwegen gern tun, und deshalb sage ich, Finger weg vom Rudi!

Der Rudi – also der Hinrainer Rudi, ein Spezi –, der fahrt jetzt einen Maybach, mit allen Schikanen: Cinnamoraholzausführung, Massagesitze, RCD, Rearseat-Entertainment, Biturbo und so weiter – und jetzt kommt's, das ist ein Auto, das wirklich wenige haben. Also ich hab so ein Auto nicht. So ein Gerät ist finanziell … und so … aber die Mehrheit würde sich doch bestimmt alle zehn Finger abschlecken!

Aber wie gesagt: Finger weg vom Rudi! Der gehört zu einer vitalen Minderheit. Der macht zirka vier Millionen im Jahr. Der steht unter Minoritätenschutz.

Und deshalb geht dem die ganze Demokratie sowieso mehr oder weniger am Arsch vorbei.

Warum wiederholen's eigentlich die Wetterkarten im Fernsehen nicht, wo's doch sonst jeden Freiraum für Sparmaßnahmen ausnutzen?

UNTERNEHMER DES JAHRES

Banditen! Drecksbagasch! Ich kann's nicht anders ausdrücken, aber eins sage ich: Wenn man so weit geht, dass man Menschen fertigmachen möchte und die wilde Hatz beginnt, das Halali!

Jawohl. Man möchte einen mit Dreck bewerfen, man möchte einen jagen und dann, als Trophäe hinhängen! Diese Drahtzieher, diese … Schmieranten. Was da in den Zeitungen drinsteht. Es ist ja nichts wahr! Gar nichts ist wahr! Nichts! Aber das ist ihnen scheißegal!

Natürlich, jetzt ist es ihnen gelungen. Sie haben mich erledigt. Klar! Ich habe Insolvenz angemeldet. Jawohl! Ein Steuerzahler weniger. Jetzt haben sie es geschafft. Aber ich muss Ihnen sagen, was da behauptet wird … Das ist wirklich … Pfui! Da behaupten die Dinge. Ich wäre bestechlich. *Ich* wäre bestechlich! Dass ich nicht lach! Ich war noch nie bestechlich! Das kann ich beweisen!

Ich bin von Kindheit auf, von Kleinkind auf, bin ich Mitglied in der Partei. Ich hab die Mitgliedschaft von meinem Taufpaten geschenkt bekommen. Damit ich nicht bestechlich werden *muss*. Denn dann gehör ich ja automatisch zu einer Solidargemeinschaft. Und schließlich war ich ja Unternehmer des Jahres.

Und jetzt darf ich noch etwas sagen: An meinem Wildbret ist noch nie jemand gestorben, das dürfen Sie mir glauben. Und wenn irgendeiner gestorben sein sollte, dann muss er schon vorher was gehabt haben, das gibt's doch sonst gar nicht.

Wissen Sie was? Jeder Mensch, der ein bisserl einen Verstand hat und ein bisserl was weiß, der weiß doch das: Ein Fisch, der fischelt. Ein Kas kaselt. Und ein Wild wildelt. So ist das!

Und Sie werden mir doch auch eines glauben: Wenn ich mich schon hinstelle und ein Gutachten über mein Wildbret anfertigen lasse, von einem Gutachter, oder von mehreren Gutachtern, und ich zahle diese Gutachten, dann möchte ich auch ein Gutachten haben, wo man sagt: »Jawohl, das ist ein Gutachten!« Oder? Das versteht doch ein jeder.

Aber wenn ich schon die Leute sehe, wie sie daherkommen. Wenn sie mich schon so fragen, und wie sie fragen. Ich seh's doch, wie sie fragen: »Woher kommt denn des Fleisch? Woher ist denn das Fleisch? Können Sie mir sagen, woher Sie das Fleisch beziehen?« Dann sag ich's ihnen: »Freilich kann ich Ihnen sagen, woher das Fleisch ist. Aus meiner Kühltruhe. Woher denn sonst?«

Nein, nein, nein. Es ist zu saudumm. Wenn ein Hirsch – Entschuldigung! –, wenn ein Hirsch, bevor er in meine Kühltruhe hineinhupft, ein Hirsch, sagen wir mal aus der Hohen Tatra – und der Hirsch ist ein ambulantes Viech, vielleicht war er noch spazieren, vielleicht war er noch irgendwo. Ich weiß es nicht. Fragen Sie ihn selber, vielleicht sagt er's Ihnen. *Ich* weiß es doch nicht. Vielleicht war der Hirsch noch a bisserl in Weißrussland. Gell. Vielleicht war er in Polen. Wer weiß das. Und wenn er in der Ukraine war, gell, bis er eingeeist wurde? Entschuldigung – wenn er in der Ukraine eingeeist wurde, das weiß doch jedes Kind … In der Ukraine gibt es Stromausfälle. Sind Sie mir nicht bös! Und wenn der Hirsch wirklich in der Truhe da drüben schon gelegen wäre, und drei Wochen kein Strom geht – das lässt doch einen Hirschen nicht kalt! Oder?

Aber glauben Sie mir's. Ich hab nämlich mit meinen … Ich habe fachlich immer sorgfältig gearbeitet, gell. Mir haben immer, ich kann's nicht anders sagen, auch meine slowakischen Mitarbeiter, wir haben präzise das Wildbret, nach alter Tradition und, Ding, haben wir das Wild traktiert, gell. Wir sind mit dem Dampfstrahler drübergegangen, Tag und Nacht, gell. Da sind die Maden raus wie der Schnee! Nicht wahr. Da war keine einzige Made mehr drin.

Aber man möchte heute alles *madig* machen, das ist es doch, gell. So weit sind wir doch!

Und drum muss man flexibel sein, weil, wenn ich nicht flexibel bin … wenn man mit dem Rücken zur Wand steht, mit falschen Beschuldigungen, gell … was soll ich denn dann machen? Sagen Sie mir's. Was macht man dann? Dann wird man flexibel. Aber ich werd dermaßen flexibel, da werden die noch spitzen, wie flexibel ich werde!

Dann muss ich halt die Salmonellen extra verkaufen. Nicht wahr. Ich lasse mir ein mikrobiologisches Gutachten anfertigen, in Tallinn, in Estland, des zahlt die EU. Dann hab ich einen ungarischen Exporteur-Importeur, das zahlt auch die EU. Nicht wahr. Raus mit dem Fleisch! Ich sag immer, raus! Raus mit dem Fleisch aus Europa, *hinaus*! Ich will es nimmer sehn in Europa, raus, nach Liechtenstein! Und wenn sich das Fleisch in Vaduz bewährt hat, nach drei, vier Jahren, dann kann man es wieder hereinholen. Das kriegt dann eine Wohltätigkeitsorganisation.

Und nur so kann dieses wertvolle Fleisch noch einmal auf einem bayrischen Seniorenteller Platz nehmen, gell.

Glauben Sie mir's. Ich kann nicht mehr schlafen, ich dreh durch, ich lieg im Bett, ich wälz mich hin und her, ich kann bald nimmer.

Schauen Sie hin! Da. Sehen Sie es? Was ist denn das? Das ist ein Elch. Da. Ich sehe einen Elch. Da ist ein Elch! Und da? Um Gottes willen!

Ein Mufflon! Nein, spinn ich jetzt, oder was ist das? Ein Alligator! Ein Vogel Strauß! Und alles in meiner Hascheemaschine!

Auf dem Flug von München nach Augsburg
nehmen sie sich nicht amal mehr Zeit
für ein gescheites Catering.

DER BERTI

Es war am Mittwoch, nein, am Donnerstag. Weil meine Frau war am Markt, und da kann ich dann in aller Ruhe frühstücken und Zeitung lesen. Ich bin also daheim und blättere in der Zeitung. Trink meinen Kaffee, weil ich oft, wenn ich Kaffee trinke, Zeitung blättere. Oder umgekehrt auch – wenn ich Zeitung blättere, Kaffee trinke. Blättere. Auf einmal sehe ich die Annonce, riesig. Von dieser Versicherung. Ich denk mir: Ja, Herrgott, das gibt's ja gar nicht! Das darf ja nicht wahr sein! Das ist ja … Der Name steht da, Berti. Allianz. Denk ich mir: Das ist doch unser Berti, das gibt's ja gar nicht. Unser Berti. Mir ist gleich ganz anders geworden. Berti! Aber Hinterschwöpfinger? So häufig ist dieser Name nicht. Du, ich bin gleich so erschrocken und hab sofort den Hinrainer Rudi angerufen. Und der hat's bestätigt: Jawohl, es ist unser Berti.

Da kommt man schon ins Grübeln.

2,4 Promille soll er gehabt haben. Sicher, schon! Das ist aber so viel auch wieder nicht, wenn man den Berti kennt. Und das muss auch einmal in Betracht gezogen werden in der heutigen Zeit, wegen dieser Sparmaßnahmen streuen sie kaum noch, und außerdem, so flache Kurven wie früher werden einfach nicht mehr gebaut.

Mir ist dann alles wieder so durch den Kopf gegangen – wie das war, früher.

Mir schnürt es den Hals zu, weil ich dann denke: »Ja, gibt's denn das?« Aber so waren wir.

Der Berti, wir waren ja früher Kinder, wir waren eine – wie sagt man? –, eine Blosn. Wir waren immer beieinander. Und der Berti war von uns, ich kann das sagen, weil das war auch so, der Berti war von uns im Hirnkastel, da war der uns haushoch überlegen.

Gegen den waren wir Woaserl. Kloane Lichtln, Funzln. Aber wir haben das in dem Sinn gar nicht so gemerkt.

Er ist ja dann auch zur Allianz gegangen und hat dort eine raketenartige Karriere hingelegt. Drum auch dieser Riesenwaschl von einer Annonce, dass er jetzt tot ist.

Weil der Berti, der war irgendwie immer …

Der Berti war damals schon, ja, unglaublich! Wenn man zum Berti gesagt hat: »Berti, soach in d' Hosn«, dann hat er tatsächlich in die Hose gebieselt! Aber er hat ein Fünferl dafür verlangt. Von einem jeden.

Er hat auch, auf Anfrage, in die Hose … geschissen! Aber das hat ein Zehnerl gekostet, und für uns war das damals viel Geld. Da haben wir drauf hinsparen müssen. Aber der Berti hat gesagt, er muss diesen Preis verlangen, weil er daheim ja unheimliche Prügel kriegt und Fotzn, so dass es sich vom Preis-Leistungs-Verhältnis für ihn schon lohnen muss.

Er war einfach eine Kanone, er war … Er ist ja dann auch zur Allianz. Da ist er ja ganz groß … Ich kann nur immer wieder sagen …

Und dann sitzt man da und trinkt einen Kaffee, blättert, und auf einmal – hei ei ei a! Das ist schon, das ist eben das Leben.

Jetzt muss ich direkt einmal blöd fragen: Haben Sie den Bäcker Gacki gekannt? Den alten Noagerlzuzler. Sie wissen nicht, was ein Noagerlzuzler ist? Also, dann erklär ich's kurz: Ein Noagerlzuzler, das ist ein Herr, der sich aus Bierresten fremder Herrschaften eine neue Halbe komponiert. Und wir Buben haben doch früher diese Ohrwuzler und das Insektenzeug, haben wir gesammelt und in so Schachteln … Und wenn der Bäcker Gacki dann wieder eine neue Halbe beieinander hatte, wollten wir ihm die Wuzler im Schaum unterbringen, reinschütten, dass er sie mitsauft und keinen Vitaminmangel kriegt in der schlechten Zeit. In dem Moment kommt der Berti! Ich sehe ihn noch förmlich, wie er daherkommt und uns zuruft: »Nix da! Die Ohrenwuzler fress ich! Geld her! Die Wuzler kriegt der Gacki nicht.« Und wir haben bezahlt. Der Berti hat die Ohrenwuzler gefressen, da war so ein Russ dabei, so ein Kakerlak. Ich höre heute noch das Geräusch, wie vom Biss in eine frische Breze.

Das war der Berti! Eine Zivilcourage! Enorm!

Aber Entschuldigung. Das ist doch klar. Die

bei der Allianz nehmen so einen doch mit Kusshand. Die nehmen nicht jedes Arschloch. Die suchen sich ihre Leute schon aus. Und jetzt? Traurig, traurig, traurig.

Mei, ich darf gar nicht dran denken, unser Berti. Von uns allen war er damals der Erste und der Einzige, der mit Rollschuh gefahren ist. Ein Trendsetter quasi. Rollschuhe! Damals, in der damaligen Zeit! Der Berti ist mit den Rollschuhen auf und ab gefahren, und wir sind barfuß daneben hergedappt. In dieser Zeit ein Rollschuhbesitzer zu sein, was das bedeutet hat, kann man ja heute kaum einem mehr klarmachen. Aber der Berti hat sich damals schon die Rollschuhe förmlich derbieselt. Genial!

Wir haben seine wahre Dimension eigentlich nicht einmal registriert. Wir waren zu jung – zu blöd –, dass man das erkannt hätte.

Weil der Berti hatte wirklich dieses … Charisma, diese Ausstrahlung, das hat er besessen. Drum eben Allianz!

Eines Tages kommt er und sagt: »Zahlen! Zahlts!«

Du, wir haben alle gezahlt. Wir haben zwar nicht gewusst für was, aber wir haben gezahlt.

Und dann hat der Berti doch glatt so einem Flüchtlingsmadl bei uns in der Straße, ich erinnere mich noch, weil's so ein typischer Flüchtlingsname war, Kuschmelka hat sie geheißen, Desirée Kuschmelka, hat der Berti doch der – vor uns allen! – einen Zungenkuss gegeben! Dem hat's einfach vor gar nix gegraust.

Drum sag ich heut: Dass der bei der Allianz so eine Annonce kriegt, das wundert mich nicht. Aber ob solche singulären Persönlichkeiten wie der Berti, solche Genies – und der Berti war ein Genie, auf seinem Gebiet –, ob solche Leute bei uns in Bayern, ob so etwas noch einmal nachwächst. Da hab ich meine Bedenken.

Und Hand aufs Herz, bei der Allianz hab ich auch schon lang kein Genie mehr gesehen.

Dass dieser Bichlmeier nicht einen einzigen deutschen Satz fehlerfrei herausbringt, stört ihn selber wenig, weil er ja nahtlos aufs Englische ausweichen kann.

DER CSU-SAMMLER

Ich sammle jetzt gut zwanzig Jahre CSU.

Ich hab mich drauf eingeschossen. Es ist eine echte Leidenschaft. Gut, andere sammeln SPD, sogar FDP, wie halt Briefmarken auch oder Samuraischwerter. Sie glauben ja nicht, was heute alles gesammelt wird. Ich kenn einen, der sammelt BHE-Flüchtlinge. Von mir aus.

Ich hab mich halt auf CSU spezialisiert, und ich muss sagen, inzwischen bin ich im Besitz von wirklich schönen Objekten. Nicht die allerwertvollsten, aber ein paar Sachen hab ich schon, wo man stolz sein kann.

Die Heiligenbilder hab ich sowieso, mit Unterschrift. Den Strauß, den Tandler, den Höcherl, den Ochsensepp, auch den Old Schwurhand! Von dem besitz ich sogar das Foto, wo er gerade den Meineid schwört. Leider hat er es nicht unterschrieben, aber menschlich ist das ja verständlich.

Dann drei Originalbarthaare vom Alois Hundhammer, der Bartrest soll sich in Sydney befinden. Den Stoiber hab ich x-mal – mit Unterschrift! Das sind ja jetzt Märtyrerbilder! Also, meine Sammlung kann sich durchaus sehen lassen.

Leider hab ich von dem Dossier von der Monika Hohlmeier nur sieben Seiten, und die sind ziemlich unleserlich. Nur auf einer kann man entziffern: »Dieses Dreckschwein, den mach ich fertig!« Also doch schon ein Dokument von einer Powerfrau!

Übrigens hab ich auch was Lustiges: den Knochen von der Lieblingsschweinshaxe vom Franz Josef Strauß.

Aber jetzt komm ich zu meinen Prunkstücken. Hier, ein Fragment, schaut aus wie ein Knäckebrot. Stichwort Festplatte! Das Stück, was der

Max Strauß nicht mehr nuntergebracht hat in der Eile, das, was er nicht mehr fressen konnte, also eine echte Rarität! Die kriegt amal mein Bub, da kann er sich einen Wohnblock kaufen.

Aber jetzt komm ich zu einer Perle, die alles in den Schatten stellt. Bei allen, die's wissen, genieß ich deswegen uneingeschränkte Bewunderung. Ich erzähl aber auch ungern, wie ich zu der gekommen bin. Erinnern Sie sich an das Wolfratshauser Frühstück? Da wurden doch Weißwürste verzehrt. Ich bin stolzer Besitzer der Originalhaut der Weißwurst, die Angela Merkel gezuzelt hat. Ich hab extra ein Gutachten anfertigen lassen, das bestätigt, dass sich auf der Wursthaut Lippenstiftspuren befinden. Ungeheuer! Die Wursthaut befindet sich natürlich im Banksafe in einem Humidor, damit sie nicht ausdörrt.

Nein, diese Preziose stifte ich natürlich einmal keinesfalls dem Buchheimmuseum. Die erbt amal meine Tochter, dann kann sie auch an den Starnbergersee zu den zwanzig Prozent ziehen.

Und jetzt hab ich noch ein besonderes Schmankerl in Aussicht. Gestern ruft mich der Hinrainer Rudi an, der Hund, der denkt eben echt mit! Ich muss schon sagen, das ist wie a

Weihnachtsgeschenk! Hat der mir glatt im Ebay für läppische 342 Euro die bayrische Karriereschleuder schlechthin ersteigert.

Sie werden es noch wissen: Der Otto Wiesheu, Staatssekretär seines Zeichens, hat doch damals im Vollrausch, 1,99 Promille, einen Polen dermackt, also totgefahren. Der Pole war nüchtern, das hat ihm allerdings wenig genützt. Kurz darauf bekam dieser Herr Wiesheu doch den Bayrischen Verdienstorden und wurde dann auch Verkehrsminister. Sicherlich aber nicht allein aus dem Grund.

Und das original Röhrl, in das der Wiesheu hineingeblasen hat und wo man die 1,99 festgestellt hat, das hat der Hinrainer Rudi für mich im Ebay ersteigert. Eine echte Okkasion!

Sie werden verstehen, dass mich das geradezu euphorisiert.

*Ich will den Mann weiß Gott nicht schlecht-
machen, aber in meinen Augen ist dieser
Bichlmeier eine echte Drecksau.*

DER KORMORAN

Wir haben ja das Ganze gesagt. Wir haben ja das alles in unserer Zeitschrift drin, gell. Wir haben vom Fischereiverein einen Leitartikel drin, im *Petri Heil*. Das hätte man jederzeit nachlesen können. Wir haben gesagt: Wenn dieses Ganze da drunten im Donaudelta, oder in Ungarn am Dings, ne, oder die Skandinavier … Dann haben wir gesagt, wenn das so weitergeht, dann haben wir verbrannte Erde. Gell. Wir haben gesagt, wir sind bereit, von uns aus, wir machen Zugeständnisse. Gell. Aber unter Voraussetzungen! Dass wir uns recht verstehen. Wir haben gesagt, unter der Voraussetzung, dass dieser Kormoran, gell, am 17. August am Chiemsee als Einzelvogel – also als Single – sich hinsetzt und am 18. August wieder weiterfliegt, gewähren wir ihm Überflugsrechte. Aber er muss sich an die Vereinbarung halten, nur dann kommt ein Waffenstillstand zustande. Aber da kennen Sie den Kormoran schlecht, wenn man dem den kleinen Finger gibt, dann will er die ganze Hand! Verstehen Sie? Und dann lässt man sich einwickeln! Und dann kommt er nicht als Einzelvogel, wie vereinbart, sondern 400 Kormorane pro Kormoran. Und dann geht das Gemetzel los! Dann geht's los! Auf die Renken, auf an Hecht, auf die ganzen Fische. Das ist ein Massaker! Das will man heute nicht wahrhaben. Weil sie wollen nur den Irakkrieg zeigen, und was am Chiemsee los ist, davon redet kein Schwanz mehr, gell. Das ist es! Und ich möchte, ich möchte das vom Fischereiverein her auch noch einmal extra betonen, damit es die ganze Welt erfährt: Wenn der Kormoran … Schon allein der Name Kormoran! Wer hat denn den schon jemals gehört? Kormoran! Das ist ein

Fischreiher! Nicht! Kormoran! Koran … Oder ich weiß es nicht, gell. Wir haben in Bayern schon viele hinausgeschmissen: die Hunnen, die Mongolen, die Römer, die Österreicher, alle haben mir hinausgeschmissen, und der Kormoran käme hier herein. Einfach so. Ja, wo sind wir denn?

Und wenn der Kormoran sich an keine Vereinbarung hält, dann sage ich heute: Ab 5 Uhr 45 wird zurückgeschossen!

112 Seiten, ISBN 978-3-0369-5120-1
€ 12.90, SFr. 23.80

Gerhard Polts Kindheitserinnerungen aus der Nachkriegszeit sind gespickt mit den Waffen des fantasiebegabten Kindes, eingesetzt gegen erwachsene Griesgrame und Grantler, um ihnen derbe Flüche zu entlocken.

»Über Polts Jugendsünden können wir laut lachen, und doch möchten wir solchen Hundskrüppeln nie in die Hände fallen.« *WDR*

830 Seiten, ISBN 978-3-0369-5101-6
€ 29.80, SFr. 54.–

Geschichten, Stücke, Monologe und Dialoge – dieser Band versammelt Gerhard Polts Werk aus mehr als zwanzig Jahren, teilweise in Zusammenarbeit mit Hanns Christian Müller entstanden.

»Dieser Wälzer zeigt in voller Wucht Polts Bandbreite.«
Mainpresse

1 CD, ISBN 978-3-0369-1232-5
€ 16.90, SFr. 28.80

Neue Bühnennummern von und mit Gerhard Polt, gespickt mit scharfsinnigen Ein- und verblüffenden Ansichten.

»Polts Gedanken sind gereift wie guter Wein, selbst wenn ihm dabei so manch boshafter Hintergedanke entwischt.«
Münchner Merkur

1 CD, ISBN 978-3-0369-1500-5
Sonderausgabe, € 9.90, SFr. 14.90

Acht Bühnennummern, längst zu Polt-Klassikern geworden, u. a. *Bad Hausen, Die Garage, Der Standort Deutschland, Democracy.*

»Polt zeigt, wie in Bürgers Seele Biedermann und Bestie koexistieren.« *Facts*

1 DVD, ISBN 978-3-0369-1234-9
€ 16.90, SFr. 29.80

Die Dokumentarfilmerin Ute Casper hat Gerhard Polt auf seinen Tourneen begleitet. Sensibel und humorvoll zeichnet sie das Bild eines Künstlers, der wie kein anderer deutsche Befindlichkeiten und die Seele des kleinen Mannes begriffen und verarbeitet hat.

»Polt ist, es darf halt mal bündig so gesagt werden, ein Kontinent, ein Riese, der Bescheidenheit und Noblesse nicht zu mimen braucht. Beides besitzt er.« *taz*